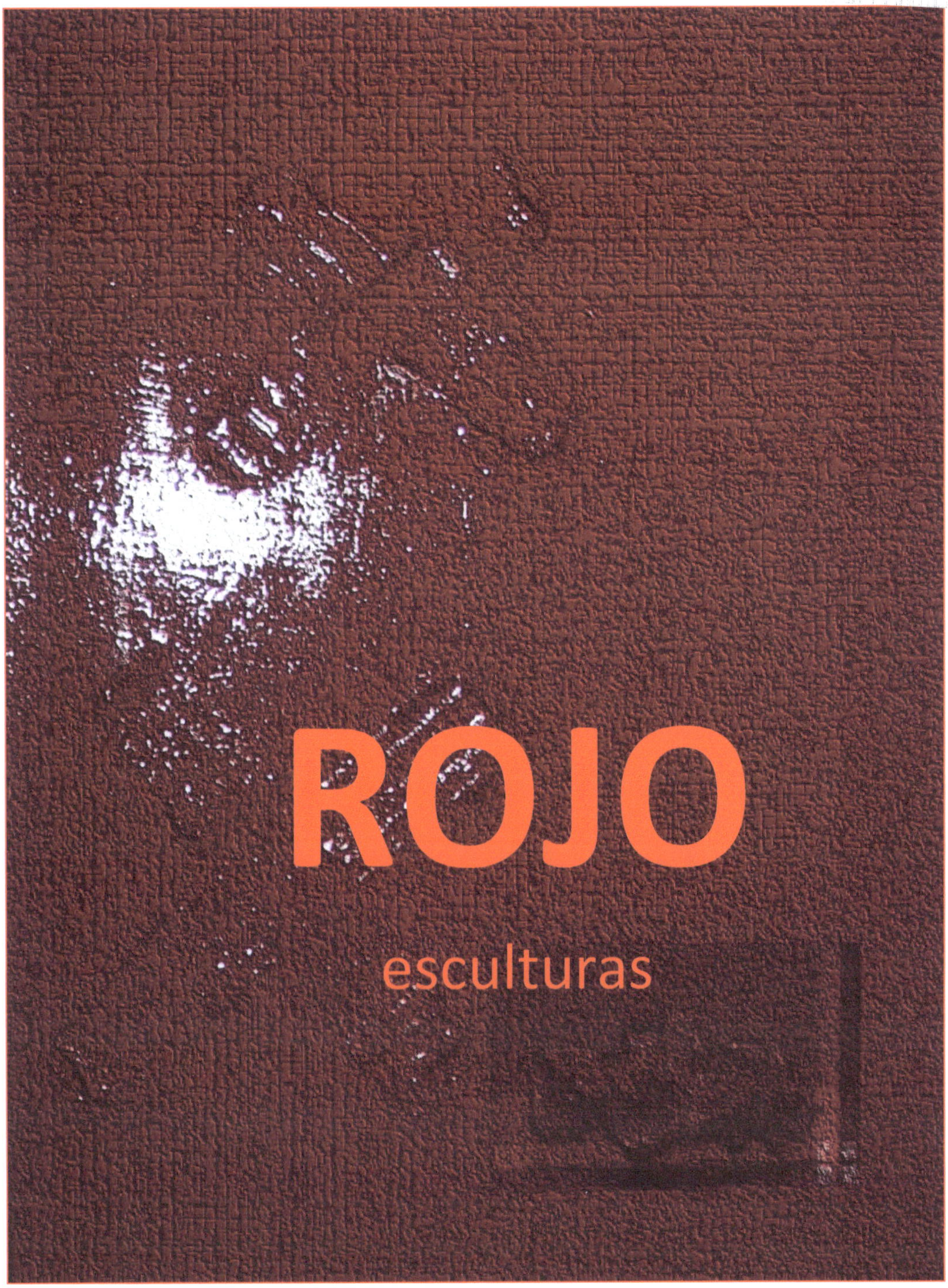

ROJO
esculturas

Las consecuencias de un contexto suigeneris

ROBERTO ROSIQUE

DR
©
2019
ROJO esculturas. Las consecuencias de un contexto suigeneris
Roberto Rosique
Calle Tercera 1517, Primer piso,
Zona centro, Tijuana, B. C., C.P. 22000
robertorosque@gmail.com
(664 318 92 41)
Portadilla: *Rojo*
Mixta sobre madera 100x150cm de Roberto Rosique

Rojo:
Las consecuencias de un contexto suigeneris

Una historia que emerge del estado más reciente de la república mexicana[1], vivida de prisa; no obstante, ante las múltiples circunstancias sociopolíticas, económicas y geográficas de la región, es posible establecer que en este corto periodo de tiempo la comunidad artística ha lidiado también con contratiempos, ha superado rezagos, se ha ganado el reconocimiento social y hoy podemos verla en su diversidad, madurando, forjando rutas nuevas, y a sabiendas de la nube que todavía oculta gran parte de su producción pasada y actual, impera la confianza de estar generando arte en las mismas circunstancias competitivas ante el mundo tal como se haría en cualquier otra entidad creativa.

Baja California es un territorio ubicado en la zona septentrional del país (en el extremo Noroeste), sitiado entre litorales (limita al Este con el Golfo de California y al Oeste con el Océano Pacifico) y una cicatriz histórica que en los últimos años se ha tornado un prolongado y absurdo muro divisorio con los Estados Unidos de Norteamérica. Un Estado cuya situación geográfica y las condiciones que lo circundan, forjan su personalidad y confieren los medios y pretextos para desarrollar un arte que se distinguirá en la geografía cultural de la nación. Al hablar del arte producido en Baja California es necesario detenerse un momento y conocer la complejidad del contexto en que se desarrolla; la comprensión de estas condiciones facilita entender su diversidad, riqueza y su rápida evolución.

Las circunstancias que aquí se generan son el fruto de innumerables factores: Su particular ubicación geográfica, la colindancia con uno de los países más poderosos del orbe y el soez muro que los divide. El arribo desde otros estados de la república mexicana de individuos que vislumbran en estas zonas un esperanzador porvenir y el paso por estas tierras de otros personajes que provienen del resto del país y Centroamérica que anhelan conquistar el sueño americano; muchos de ellos, tras los intentos fallidos y al ser deportados por los guardianes fronterizos deciden hacer de estas tierras su nuevo hogar. La transgresión cotidiana de los derechos humanos de los migrantes. La violencia, generada, la más de las veces, por el narcotráfico y esencialmente, la extraordinaria dinámica multicultural fruto de creencias, tradiciones y conductas de una arraigada comunidad multiétnica, que si bien no han sido factores únicos, han resultado determinantes en las formas diversas de abordar el arte por sus creadores.

Las dinámicas provocadas por los intensos flujos migratorios, las políticas binacionales erráticas, los beneficios y detrimentos en sus pobladores; la frontera con toda su complejidad "es una turbina, escribe Gabriel Lerner (2004)[2] por donde se genera el torbellino de las relaciones bilaterales, los eventos históricos, tales como la firma del Tratado de Libre Comercio (TLC) en 1994, la caída del PRI en 2000 y la estrategia fronteriza reforzada después del 11 de septiembre del 2001 constituyen pilares del proceso, que giran en derredor del tema principal: la migración". Sucesos que hacen de esta frontera mexicoamericana una zona explosiva de transacciones y beneficios mutuos, de intercambios culturales, pero también de desventajas y conflictos constantes en donde algunos de sus protagonistas serán determinantes en las dinámicas complejas que se suscitan.

Entre estos se encuentran los individuos que sin documentos legales persiguen internarse en Norteamérica, los indocumentados o ilegales; los "polleros"[3] que han jugado un papel, muchas veces cruento, pero en otras sustancial en la ayuda de millones de mexicanos y centroamericanos, principalmente, en su intento de lograr el objetivo de poder vivir y trabajar en los Estados Unidos; los policías mexicanos corruptos y miembros de cuerpos sin facultades legales para detener migrantes, cuyo acoso y extorsión se ha convertido en una situación común; la participación cada vez más frecuente de secuestradores y narcotraficantes que amenaza, golpean, hostigan sexualmente o violan a mujeres migrantes; la patrulla fronteriza norteamericana, quienes junto a elementos de la guardia nacional y civiles caza-migrantes, pertrechados detrás del muro, entre arbustos, colinas o desde zonas altas estratégicas, provistos con toda la sofisticada tecnología militar permanecen imperturbables, en espera de una señal que indique intromisión al territorio para actuar sin indulgencia y evitar a toda costa que la astucia de polleros e indocumentados, de narcotraficantes y "terroristas" (aseveran las autoridades norteamericanas) puedan burlarlos. Todo ello ante una impunidad casi total y una indiferencia sorprendente de la sociedad en general hacia estas transgresiones.

En el caso de los indocumentados, al ser detenidos se verán sometidos al hostigamiento, la degradación y la intimidación verbal, incluso al abuso físico y violaciones. Esta provocativa dinámica cotidiana, si bien ha reducido el flujo de indocumentados en las zonas urbanas, el riesgo con pérdidas de vidas se incrementa de manera considerable por el cruce a través de nuevas rutas por zonas inhóspitas[4].

Protagonistas todos ellos, que junto al insultante muro divisorio, que como testigo silencioso de atropellos y transgresiones constantes de los derechos humanos, hacen que este "límite objetivado como frontera defensiva" tal cual lo describen Eloy

---

[2] Lerner, Gabriel (2004), TLC desgarra la frontera. Editor Estatal y Nacional, *La Opinión*. San Diego, Ca.

[3] Personajes que viven del cruce ilegal de indocumentados. Estas redes transfronterizas perfectamente organizadas están formadas hoy, en su mayoría —contrario a lo que muchos suponen— por individuos nacidos en México pero con residencia legal en Norteamérica.

[4] En un reporte de la Federación Internacional de los Derechos Humanos (FDIH) en el 2008, estima que en el transcurso de los últimos 12 años más de 4 mil migrantes murieron atravesando el "muro" (material y virtual) que separa México de Estados Unidos, es decir, 15 veces más que el número de personas muertas por traspasar el muro de Berlín en sus 28 años de existencia.

Méndez e Isabel Rodríguez (2004)[5], se convierta en un circo, donde la brutalidad, la humillación y el abuso son el teatro cotidiano de la desesperanza.

Baja California es punto de llegada y partida de miles de emigrantes nacionales, centroamericanos y sudamericanos, que provienen en su mayoría del medio rural; aunque en los últimos años se han sumado personajes que proceden del ámbito urbano empobrecido, con un nivel educativo que rebasa los promedios nacionales[6]. Individuos que han forjado su vida en el trabajo y sin haber logrado salir de la pobreza buscan un mejor nivel de vida, y alentados por encontrarlo en los Estados Unidos inician una aventura que no siempre concluye afortunada. Se suma de igual forma a este contingente, sujetos con un pasado infructuoso, inmiscuidos en delitos sociales de toda índole y narcotraficantes que generalmente cuentan con otros medios para el cruce, la mayoría de las veces más efectivos y seguros. Los primeros, los más vulnerables, terminarán siendo cifras estadísticas de los atropellos y decesos; la lista negra, producto de políticas arbitrarias e inhumanas. Algunos de los indocumentados logran sus objetivos; otros regresan a su lugar de origen y los restantes, hacen de estas tierras su nueva residencia[7].

Cierto es que la demanda de empleo en Estados Unidos es uno de los principales factores de atracción en los migrantes, (Según reporte en un estudio de la BBVA Research, 2010)[8], sin embargo, ese agente persuasivo para empleos generalmente poco atractivos o menospreciados por los norteamericanos (jornaleros del campo, servidumbre, jardinería, lavaplatos, etc.) no es determinante para que el futuro migrante tome la decisión de abandonar su lugar de origen y desestime las severas consecuencias que ello implica. La realidad tiene otros matices: la pobreza extrema en que han vivido toda la vida (Aguilar Valenzuela, R., 2010)[9], el abandono del

---

[5] _Méndez, E. y Rodríguez, I. (2004), Comunidades cercadas en la frontera México-EEUU. *Geo Crítica, Scripta Nova*, Revista electrónica de Geografía y Ciencias Sociales, Universidad de Barcelona. Consultado en línea desde: http:// www.ub.edu/geocrit/sn/sn-171.htm

[6] Según las estadísticas de la Casa del Migrante en Tijuana, sólo el 6% de los migrantes son analfabetas y casi 80% de ellos tiene educación primaria o secundaria.

[7] De acuerdo al Instituto Nacional de Estadísticas y Geografías INEGI enlos datos del Censo de 2010 reportó que únicamenteel 51% de su población era nativa.

[8] _BBVA Research (2010), "Situación Global", Consultado en línea desde: http://www.bbvaresearch.com/KETD/fbin/ mult/1011_SitMigracionMexico_04_tcm346-234630.pdf?ts=205201

[9] De acuerdo con el Consejo Nacional de Evaluación de la Política de Desarrollo Social (Coneval), creado en el 2004 para medir la pobreza, en el 2000 había 24.1 millones de personas en condición de pobreza alimentaria; en el 2002, 20.0 millones; en el 2004, 17.4 millones; en el 2006, 13.8 millones, pero en el 2008 eran 18.2 millones (Aguilar Valenzuela, R., 2010).

_Aguilar Valenzuela, R. (2010), La pobreza extrema en México, *El Economista*, México.

campo[10] (La marginación, la falta de tecnología y apoyo económico), los salarios por debajo de los aceptados para la supervivencia, la falta de expectativas y oportunidades, el desempleo, los altos costos de la vida y la inseguridad, en la últimos años; consecuencia todo ello de la corrupción y de las desacertadas decisiones (educativas, sociales, económicas y políticas) de los gobiernos en turno (Venegas, 2010)[11], serán indudablemente factores puntuales para la emigración.

Frontera anárquica y controversial, en donde la bonanza del narcotráfico y sus apologías musicales marcan el ritmo de la cotidianidad, secundadas por las parodias gubernamentales del control de la violencia, de los decomisos históricos de enervantes y de los arrestos multimediáticos de capos de la droga, paradójicamente, muchas veces coludidos con sus propios captores. Urbe donde la prostitución y el tráfico de estupefacientes se han asentado y expandido sin dificultad por la fuerte demanda de estas actividades en la unión americana, el impactante incremento en el consumo de drogas en la población joven mexicana, con la anuencia y participación de algunos sectores deshonestos de los gobiernos y la manifiesta indiferencia por una gran parte de la sociedad. Situaciones que ciertamente se han intensificado en los últimos años, tal como ha sucedido también en el resto del país y en el mundo, y que por tanto no son exclusivas de esta frontera como lo difunden medios de comunicación poco profesionales, que hace de estos temas abono de sus contenidos nimios y prejuiciosos que sólo especulan con la noticia y explotan el morbo; en tanto desestiman las noticias que no abordan estos temas, tales como el reconocimiento cultural que goza Tijuana en otras latitudes, esa faceta diferente que pone en la balanza la otra realidad que enorgullece y dignifica; lograda a pulso, por sus propios representantes.

Una frontera floreciente —reportan las autoridades— por el desarrollo económico (aparente) y un crecimiento demográfico incontrolado, propiciado por la migración y la bonanza maquiladora[12]. Plantas manufactureras o como las describe Jorge Montañéz (2009):[13]

---

[10] El 81.5 por ciento de la población rural es afectada por la miseria, según datos de la Confederación Patronal de la República Mexicana (Coparmex), la Universidad Autónoma Chapingo (UACH) y el Centro de Estudios Estratégicos Nacionales (2010).

[11] Los niveles de corrupción e ineficiencia, mostrados en el informe anual del Índice de Percepción de la Corrupción 2010 de Transparencia Internacional resultan clarificadores y alarmantes a la vez, calificó con 3.1 al país, con lo que pasó del lugar 72 al 98 de 178 naciones evaluadas. Por otro lado, un instituto británico consideraba que el auge económico nacional fue inferior al de Trinidad y Tobago (Venegas, 2010).

_Venegas, Daniel (2010), México, peor en corrupción y prosperidad, El Milenio.com. Consultado en línea desde: http:// www.milenio.com/node/564129

[12] El 31% de estas empresas del país se localizan en Baja California, según datos del Instituto Nacional de Estadística y Geografía. 2010.

[13] _Montañéz, Jorge (2009), Las Maquiladoras en México. Porqué no pagan igual que en los EE UU. Los problemas del pueblo se acabarían. Consultado en línea desde:

> Centros de trabajo cuya actividad se concentra en el ensamblaje, transformación y/o reparación de componentes destinados a la exportación, como condición necesaria y suficiente para su operación; gozan de un régimen fiscal de excepción lo cual les permite importar insumos sin pagar aranceles y exportar pagando solamente un arancel que fue agregado en México. Otro rasgo clave es que operan bajo el concepto globalizador de "aprovechar las ventajas competitivas" que en este caso es la mano de obra barata de los mexicanos, mayoritariamente femenina.

Empresas que hacen su aparición en el estado a mediados de los años sesenta y se incrementan de manera explosiva durante la política neoliberal del Presidente Salinas de Gortari y la implantación del Tratado de Libre Comercio de América del Norte (TLCAN). Auge que si bien van a paliar en cierta forma el desempleo, lo harán a costa, como bien dice Jorge Montañéz, de la mano de obra mal pagada. Condición que obliga, en consecuencia, a trabajar turnos dobles para subsistir en detrimento de la salud, de la dignidad y el juicio sano. A pesar de que el estado declara logros importantes en materia de crecimiento económico, este ha sido una falacia, no ha podido, como escribe Humberto Palomares (1998)[14], contrarrestar el incremento de habitantes con carencias económicas y sociales. Las maquiladoras no han creado transferencia tecnológica como lo pregonaron sus defensores, únicamente un crecimiento desequilibrado, con la consecuencia principal de establecer empleos precarios y mal remunerados (Cirila Quintero, citado por Vigna, A. 2009)[15]. Y como si esto fuese irrelevante, detrás de todo ello, existen perversas acciones de empresas extranjeras que no pueden accionar en su país de origen por ser grandes productores de contaminantes; Charles Pearson (1987)[16], escribe al respecto: "Esta relocalización industrial, [que sería el caso de las maquiladoras] y de contaminantes en los países del Tercer Mundo, ha sido un gran incentivo para evadir los estrictos controles ambientales de los países industrializados de donde provienen". Sin que ello parezca preocuparles a los gobiernos de los países receptores.

Frontera recicladora, donde la cultura del reúso (no necesariamente desde la ética que ésta implica, de responsabilidad con la deteriorada ecología), se vuelve un medio para sobrellevar la pobreza, pero también para enriquecer empresas con conductas poco claras. Bajo el pretexto del reúso, estas zonas continúan siendo el traspatio de Norteamérica —incluso—, el cementerio de productos tóxicos (Rentaría Castro, Y.,

---

http://setebc.wordpress.com/2008/09/15/las-maquiladoras-enmexico-por-que-no-pagan-igual-que-eu-los-problemas-del-pueblo-de-mxico-se-acabaran

[14] Palomares León, H. (1998), Entre la pobreza urbana y el crecimiento económico. Problemas del desarrollo, vol. 19, núm. 12. México. Puebla.

[15] Vigna, Anne (2009), La crisis vista desde México. En Tijuana, la mala suerte de las "maquiladoras". Consultado en línea desde: http://www.medelu.org/spip.php?article542

[16] Pearson, S. Charles (1987), Industrial Relocation, and Pollution Havens, en Charles S. Pearson, editor. Multinational Corporations, Environment and the Third World Business Matters, Durham Duke University Press.

2006:14-38)[17] creados en complicidad con empresarios de ambos lados de la frontera y autoridades locales, ubicados en zonas alejadas de los centros urbanos. El vertedero de sobrantes (Sánchez, R.:1981)[18] y basura tecnológica y de los productos usados denominados gentilmente "de segunda", que pueden ser introducidos legalmente por las garitas aduanales, mediante el pago de una suma acordada con el agente en turno. Condición que genera una enorme economía sustentada en los beneficios del desecho. El reciclado de productos usados: vehículos, neumáticos, partes de automóviles (Yonkes)[19], artículos eléctricos, ropa, colchones, materiales para la construcción, alimentos enlatados próximos a caducarse, etcétera. No obstante, muchos de estos productos, además de los desperdicios de las maquiladoras, los encontraremos ligados fuertemente al proceso creativo de diversos artistas de la entidad (el 90% de los objetos que componen estas esculturas provienen de las llamadas tiendas de segunda).

Cierto es que el enlistado de acciones negativas puede resultar avasallador, no es la intención hacer apología de ellas; sin embargo es tal la realidad, que negarla o minimizarla dificultaría entender el porqué de la complejidad de esta región. A fin de cuentas, han sido factores determinantes que influirán de manera directa o indirecta en los procesos creativos.

---

[17] Metales y Derivados, situada en la Ciudad Industrial Nueva Tijuana; Mesa de Otay, era filial de la empresa New Frontier Trading Corporation, ubicada en San Diego, California. Según informes de la Comisión para la Cooperación Ambiental de América del Norte (2002), esta compañía estadounidense se dedicó al reciclaje de baterías y extraía el plomo para fundirlo y enviarlo de regreso a Estados Unidos. Era considerada altamente riesgosa y peligrosa porque reportaba un manejo de 1 mil 850 kilos de fósforo rojo. En 1994 el gobierno mexicano cerró la fábrica y los dueños regresaron a San Diego, dejando cerca de 6 mil toneladas material tóxico. En la actualidad sigue operando la filial de Metales y Derivados (Rentaría Castro, Y., 2006:14-38).

_Rentería Castro, Y. (2006), Condiciones de salud ambiental en la frontera México-Estados Unidos (1998-2003): Una aproximación desde los residuos industriales peligrosos. Noesis. Revista de Ciencias Sociales y Humanidades, agosto-diciembre, año/vol. 15, número 030, Universidad Autónoma de Ciudad Juárez. Ciudad Juárez, México

[18] "No existen en la actualidad —escribía Sánchez, R. en un artículo sobre la contaminación en la frontera Norte de México en 1987— depósitos para desechos industriales controlados en la frontera, es presumible que estos desechos están siendo depositados en tierra sin cumplir con las medidas mínimas de seguridad para evitar la contaminación del medio ambiente y la salud pública. Los depósitos actuales son en su totalidad clandestinos y se desconoce su número total y localización". Poco ha cambiado con el paso de los años.

_Sánchez, Roberto, A. (1989), Contaminación industrial en la frontera Norte: algunas consideraciones para la década de los noventa. Consultado en línea desde:
http://codex.colmex.mx:8991/exlibris/aleph/a18_1/apache_media/
D11GFN7U425SQYLD3HNPB971MUNG4S.pdf

[19] Se conocen como Yonkes los cementerios de cientos de automóviles generalmente chocados o decomisados por las autoridades que no fueron recogidos por sus propietarios, o aquellos abandonados en la vía pública que terminan sus días en estos extensos lotes ubicados en las periferias de la ciudad. Pero tienen la misma connotación aquellos lotes privados que contienen autos usados en su mayoría adquiridos en Estados Unidos que serán reparados si lo requieren y puestos en circulación mediante un exitoso sistema de mercado o si la reparación es incosteable serán vendidos en partes según lo demande el mejor postor. Los Yonkes son el ejemplo de lo exitoso del negocio de la cultura del reúso.

Vivir en una de las fronteras más controversiales del planeta, entre dos universos distantes y diferentes (Primer y Tercer Mundo) genera múltiples experiencias como se ha visto, que darán soporte a los procesos creativos y son reflejadas, en cierta forma, en esta serie titulada ROJO.

De ahí que dejar a un lado los convencionalismos en el arte es una decisión indispensable en el ejercicio pertinaz de cualquier proceso creativo, pero no siempre resulta del todo entendido, no por ello tampoco descalificable como suele ocurrir en algunos pensamientos críticos constreñidos al pasado. Alejarse de los cánones que han caracterizado a ciertas disciplinas artísticas, como es el caso particular de la escultura, en la que el soporte (madera, metal, piedra, etc.), para muchos, es la esencia de la misma, dejó tiempo atrás de ser un estricto parámetro clasificatorio, hoy la acción de esculpir ha sufrido también su metamorfosis, ahora se estructura, se aglomera, se resignifica y es quizá el estricto sentido de la tridimensionalidad en la obra, la característica que hermana a los procedimientos, los engloba, y puede como tal, etiquetarlos como esculturas.

Los trabajos que incluyo en esta serie, aunados al mensaje, casi siempre comprometido con los sucesos sociopolíticos que nos caracterizan como frontera, continúan la línea escultórica que exploro de un tiempo atrás. Si bien es el sentido simulacionista (postapropiacionista) el espíritu que las conforma, hay —se puede decir también— una fuerte carga de adjudicación de objetos motivada por la tradición de los *ready mades* y fuertemente influenciada por aquellos que producen una obra situada en la frontera entre arte y comercio (en el estricto sentido de oposición al consumismo), discursos que no buscan encerrarse en la pura afirmación del objeto, es decir que lleva implícito un doble proceso de reconocimiento, uno concreto que mira a la obra y, otro más general que apunta a sus relaciones con el mundo, pero sobre todo fungir como herramientas de denuncia.

Piezas construidas bajo una triada de elementos (objeto-color-concepto) que en su conjunto persiguen significar y dar sentido a la idea; así, valiéndome del objeto que si bien fue inventado y construido para una función determinada, que por lo regular cumplió su ciclo y es desechado o vuelto a vender como objeto de segunda, al ser reusado, la historia que le adoso resignifica su contenido y aunado al color (desde la perspectiva psicológica), amplío su significado; en este caso en particular, el rojo como expresión de agresión y violencia, condiciones recurrentes en los fenómenos migratorios y características de esta frontera escindida por un muro (triple) fuertemente custodiado por la Patrulla Fronteriza Norteamericana y toda la parafernalia que implica este fenómeno, tal fue descrito párrafos arriba, y por último, el concepto, que aquí es construido con historias originadas de la vida diaria, al ser narradas desde el sarcasmo busca atrapar e invitar al espectador a la reflexión.

El arte aquí se convierte en un pretexto para ventilar los escenarios cruentos que de tan recurrentes parece que dejaron de tener sentido.

Roberto Rosique

OBRAS — WORKS

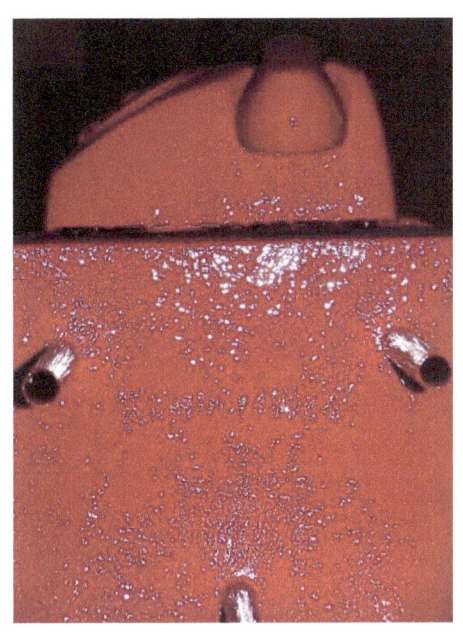

EMERGENCY PHONE #1

Teléfono de emergencia para delatar a indocumentados.

Emergency Phone to inform the presence of illegal immigrant

Madera, tubos de metal, teléfono de disco y esmalte rojo.

Wood, steel pipes, disk telephone and red enamel.

35 x 35 x 150 cm

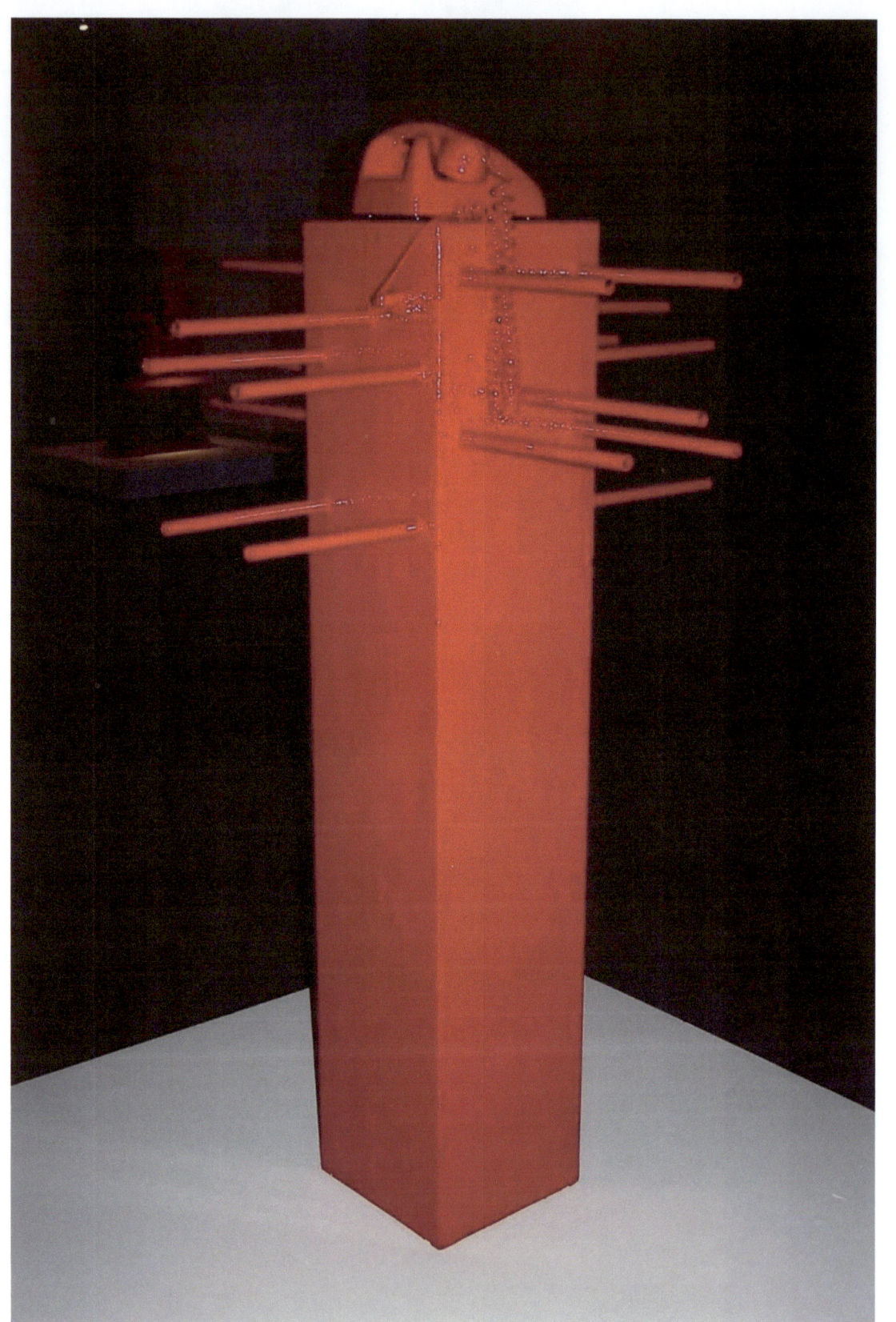

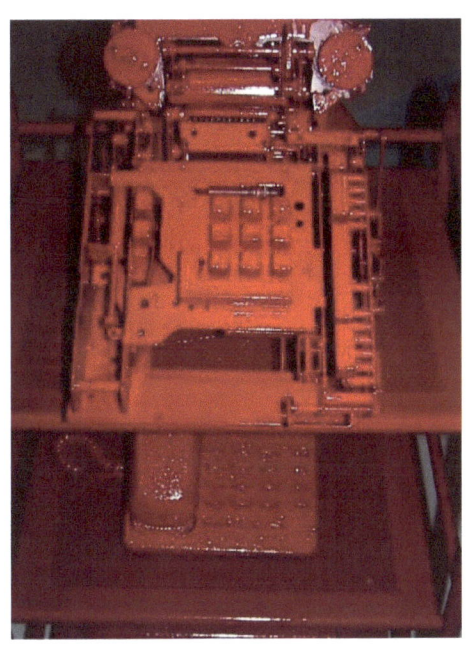

DETEC-ENEMY

Modular inalámbrico, portátil y de bajo costo, para rastreo y conteo de llamadas telefónicas donde se mencionen las palabras: comunismo, terrorismo, bomba y drogas.

Wireless, portable and low cost modular, for trucking and counting telephonic messages that include the words: communism, terrorism, illegal immigrants, bomb and drugs.

Calculadora manual, teléfonos y fax sobre mesa metálica y esmalte rojo.

Manuel calculator, fax and telephone on steel table, and red enamel.

31" x 15" x 15"

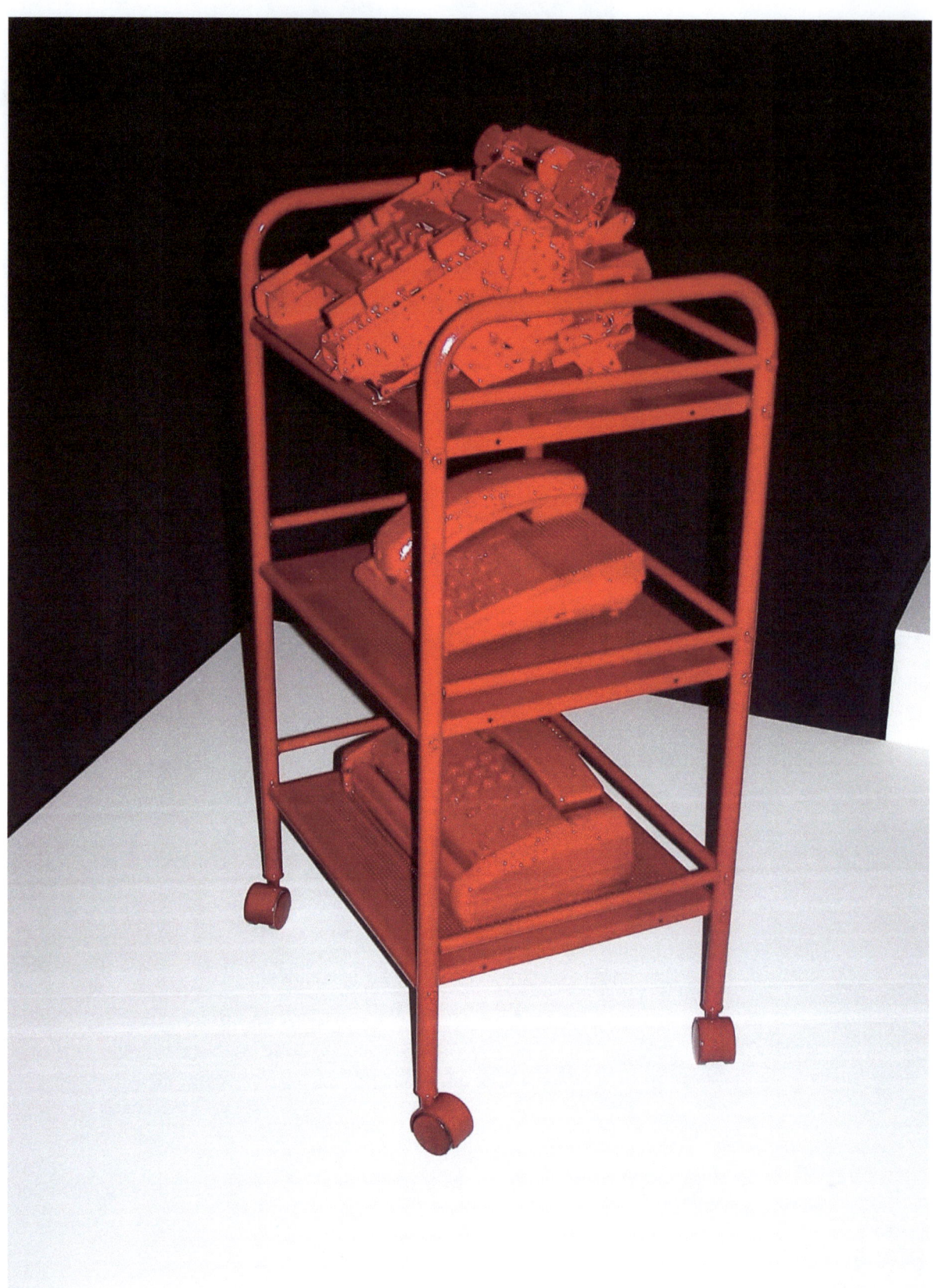

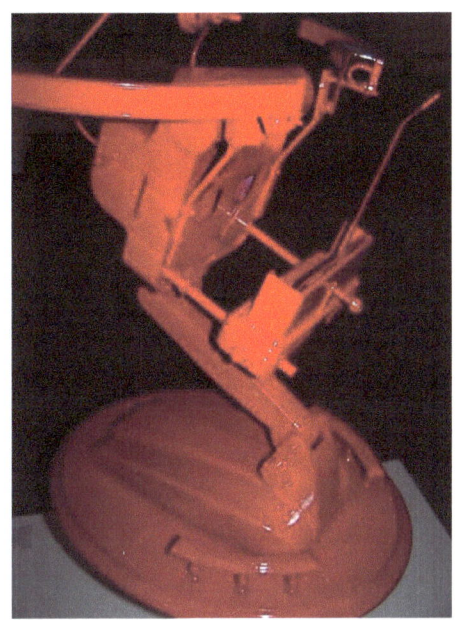

DETEC-OPTIC

Campímetro American Optical, ultrasensible, acondicionado para que mediante una simple exploración oftalmológica se detecten individuos ilegales (Ya disponibles en todas las oficinas de la patrulla fronteriza norteamericanas).

Ultra-sensitive American Optical Campimeter, conditioned to detect illegal immigrants through a simple ophthalmological exploration (Already available in all American Border Patrol offices).

Campímetro, mesa de madera y esmalte rojo.

Wooden table, Campimeter and red enamel.

48" x 20" x 16"

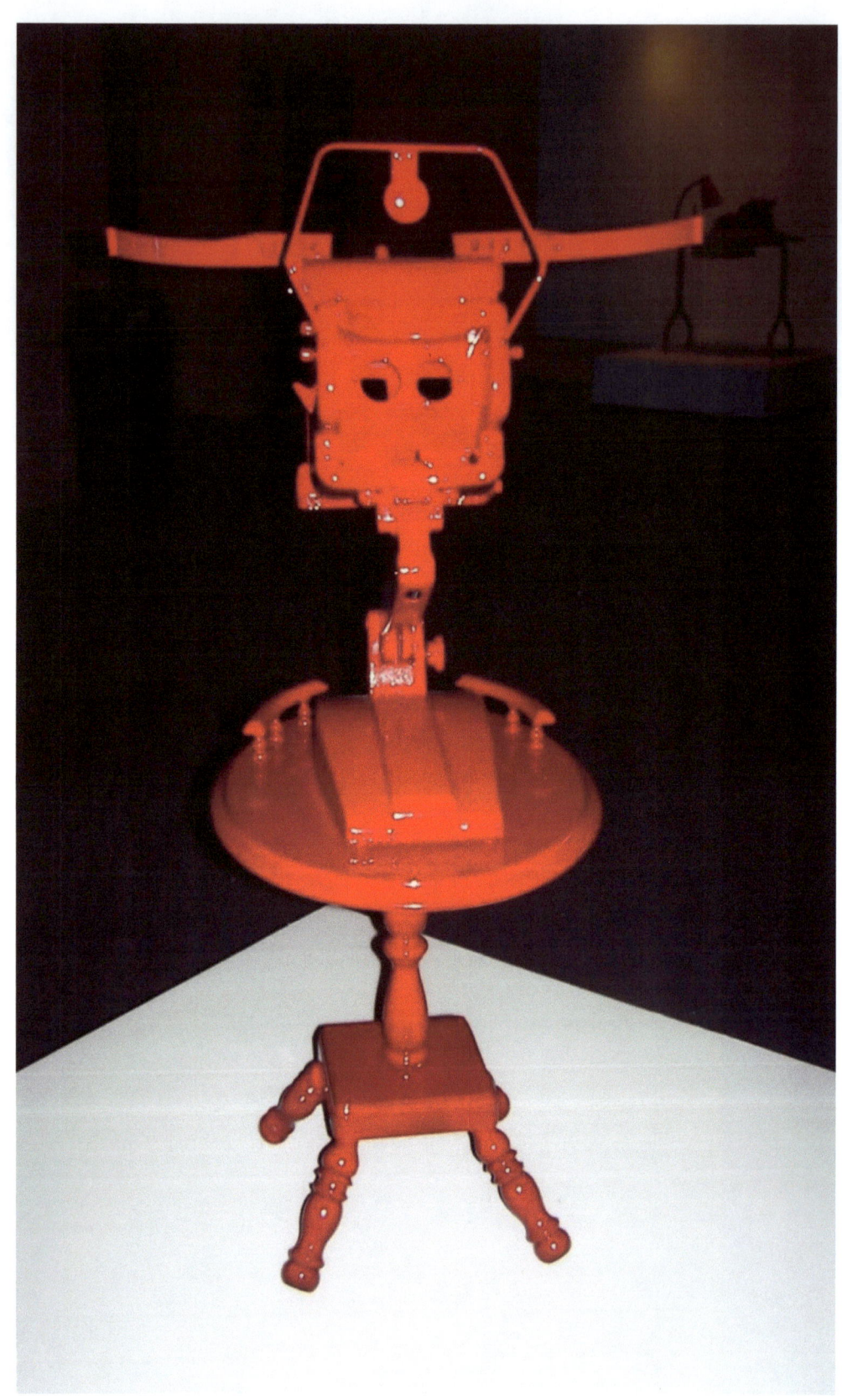

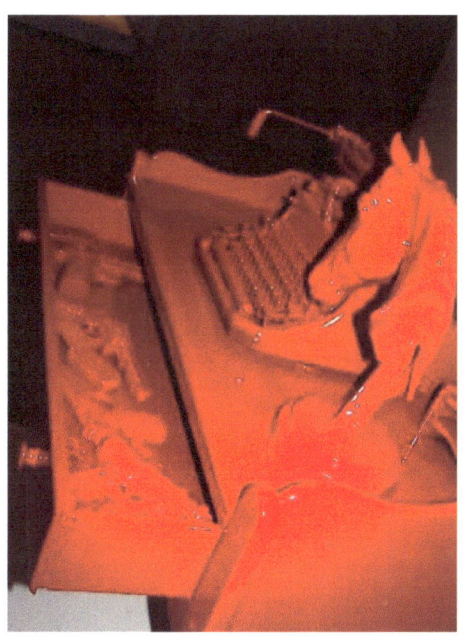

WORK-DESK

(Escritorio decomisado por la *Drug Enforcement Administration* (DEA) y la Agencia Federal de Investigación (AFI) en un ordenado operativo conjunto realizado en Playas de Tijuana en la mansión de un capo de la droga y del tráfico de indocumentados, después de una denuncia ciudadana anónima a través de un Teléfono Rojo de Emergencia.

Confiscated desk seized by the Drug Enforcement Administration *(DEA) and the* Federal Agency of Investigation *(AFI) in coordinated raid done in Playas de Tijuana, in the mansion of a drug and illegal immigrant traffic lord, after a citizens anonymous phone call from a Red Emergency Telephone.*
Escritorio de madera, máquina de escribir Rémington, armas, celulares, cabeza de caballo de resina, reloj digital y esmalte rojo.

Wooden desk, Remington typewriter, guns, cell phones, resin horse head ornament, digital watch and red enamel.

36" x 34" x 20"

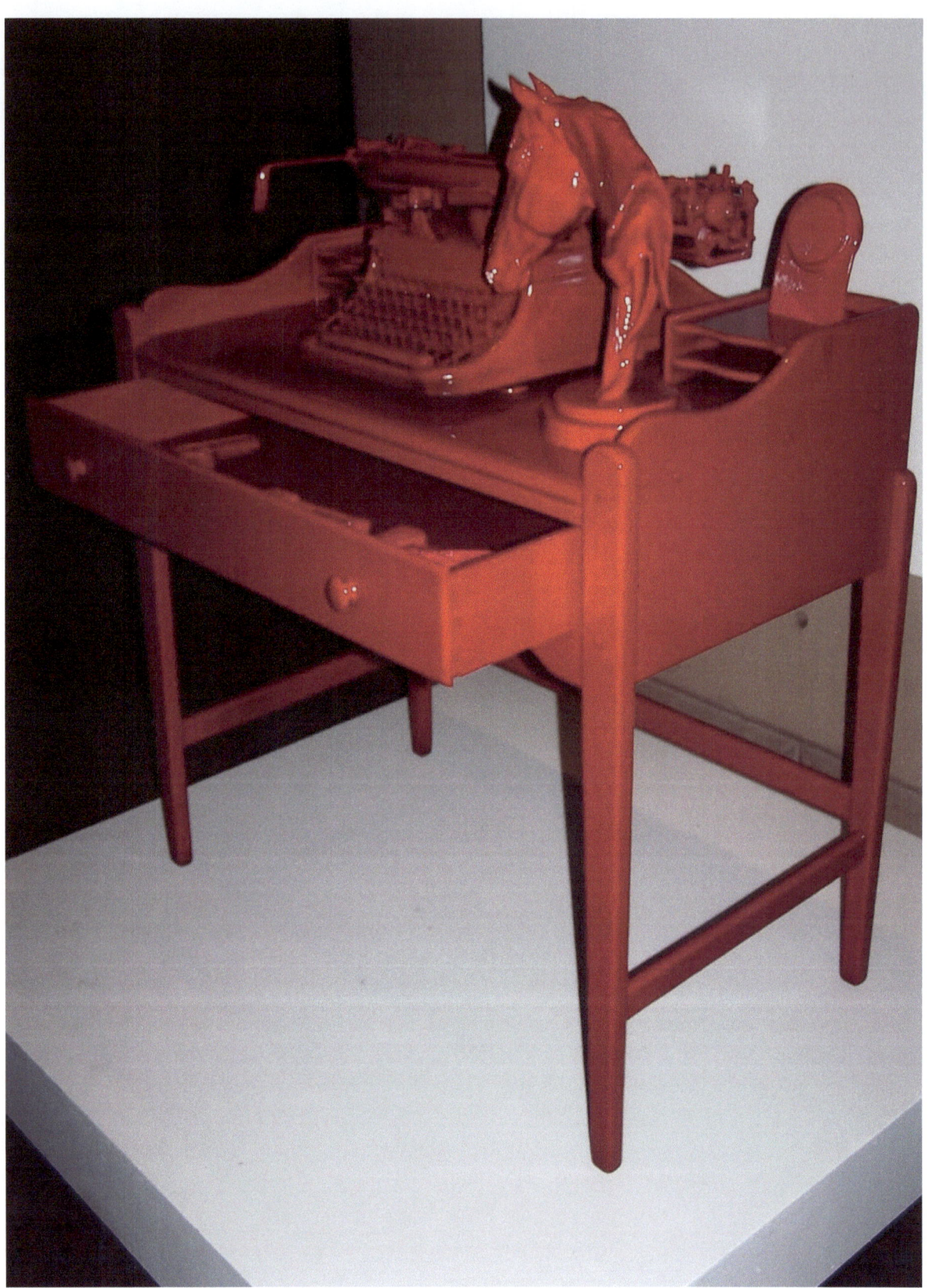

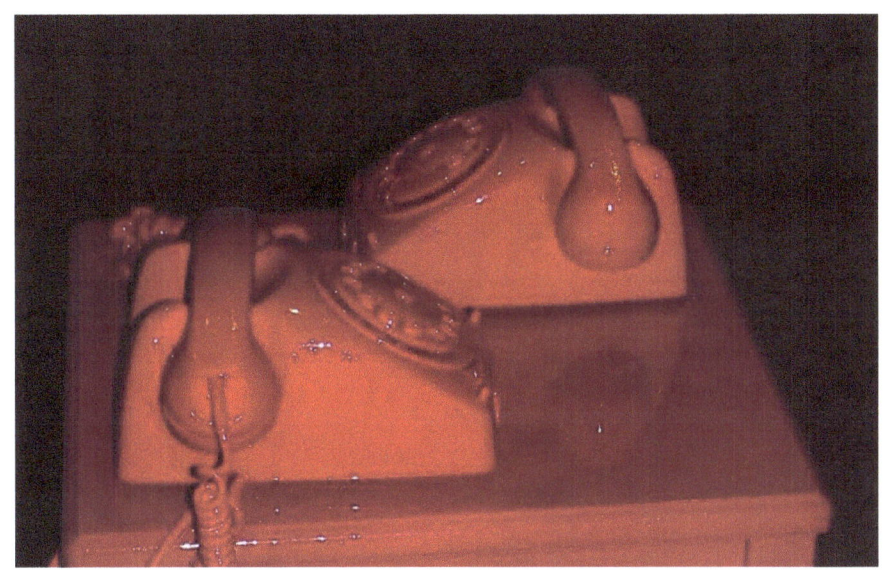

EMERGENCY PHONE # 2

Prototipo, dúplex de teléfonos Packard Bell [llamadas sin costo] para denunciar indocumentados, que serán colocados en puntos estratégicos de cruces masivos a todo lo largo de la frontera México-americana y México-Guatemalteca.

Prototype duplex Packard Bell phones (whit unlimited free callas) used to inform about the presence of illegal immigrants, they will be placed in strategic crossing points all over the Mexico-U.S and Mexico-Guatemala Border.

Mesa de madera, teléfonos de disco, resina y esmalte rojo.

Wooden table disk telephones, resin and red enamel.

25" x 20" x 20"

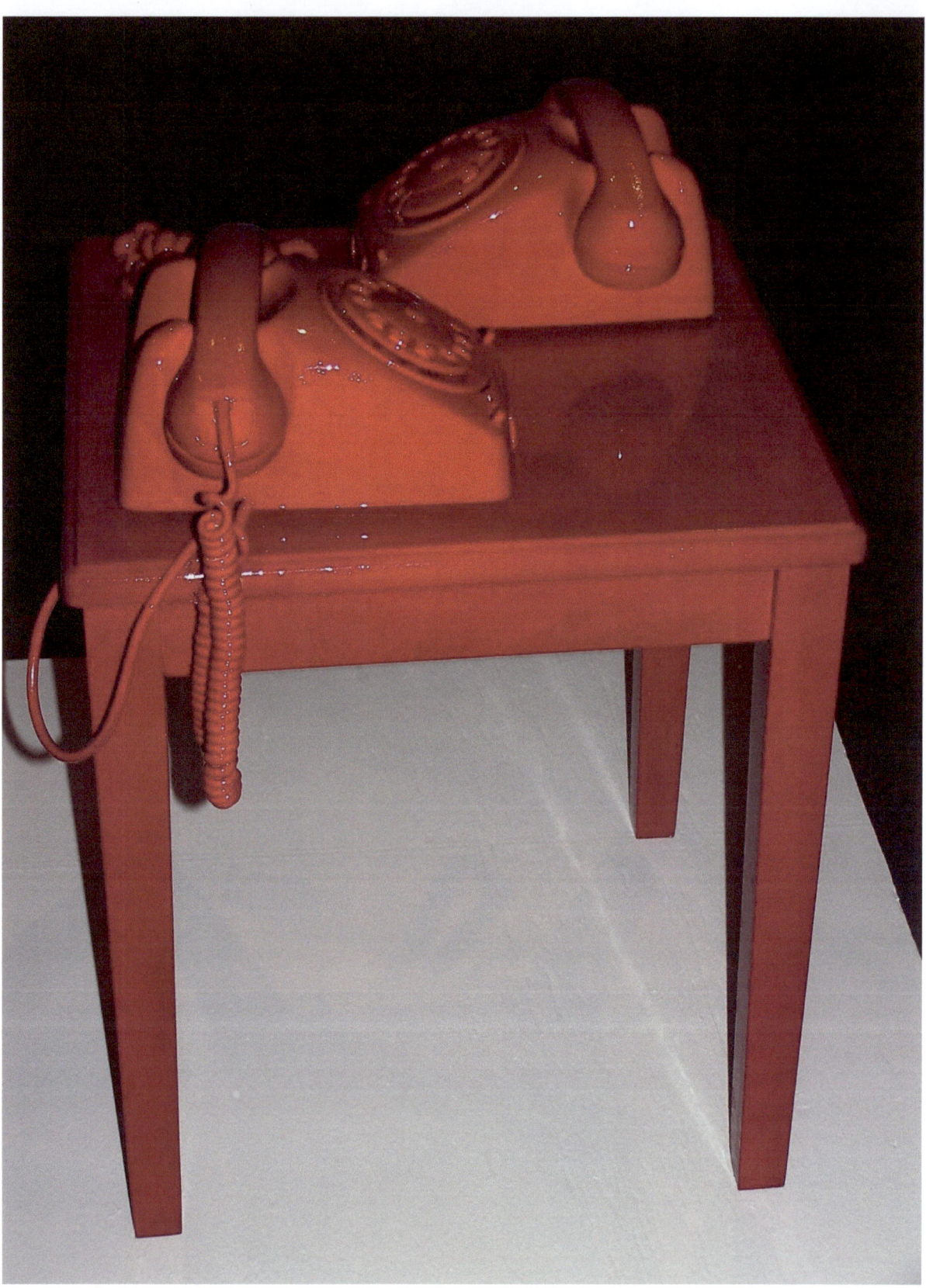

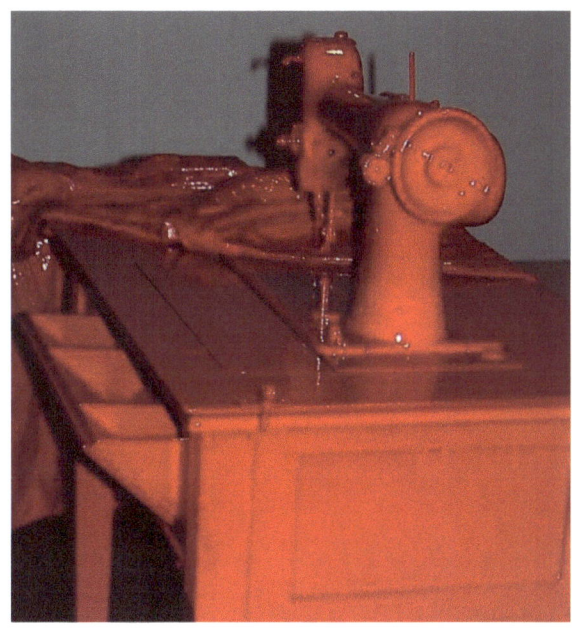

MA-KILL

Máquina de coser Kenworth perteneciente a una empleada de maquiladora desaparecida en 1999 y más tarde encontrada asesinada en un páramo baldío de Ciudad Juárez, Chihuahua, México.

Kenworth sewing machine which belonged to a factory employee gone missing in 1999, which was found dead in an uncultivated moor in Ciudad Juarez, Chihuahua, Mexico.

Máquina de coser, blusa con acabados de perlas, chaquiras y lentejuelas, reloj digital, carretes de hilo y esmalte rojo.

Sewing machine, blouse with pearl, chaquiras and spangle ornaments, digital watch, thread reels and red enamel.

48" x 40" x 20"

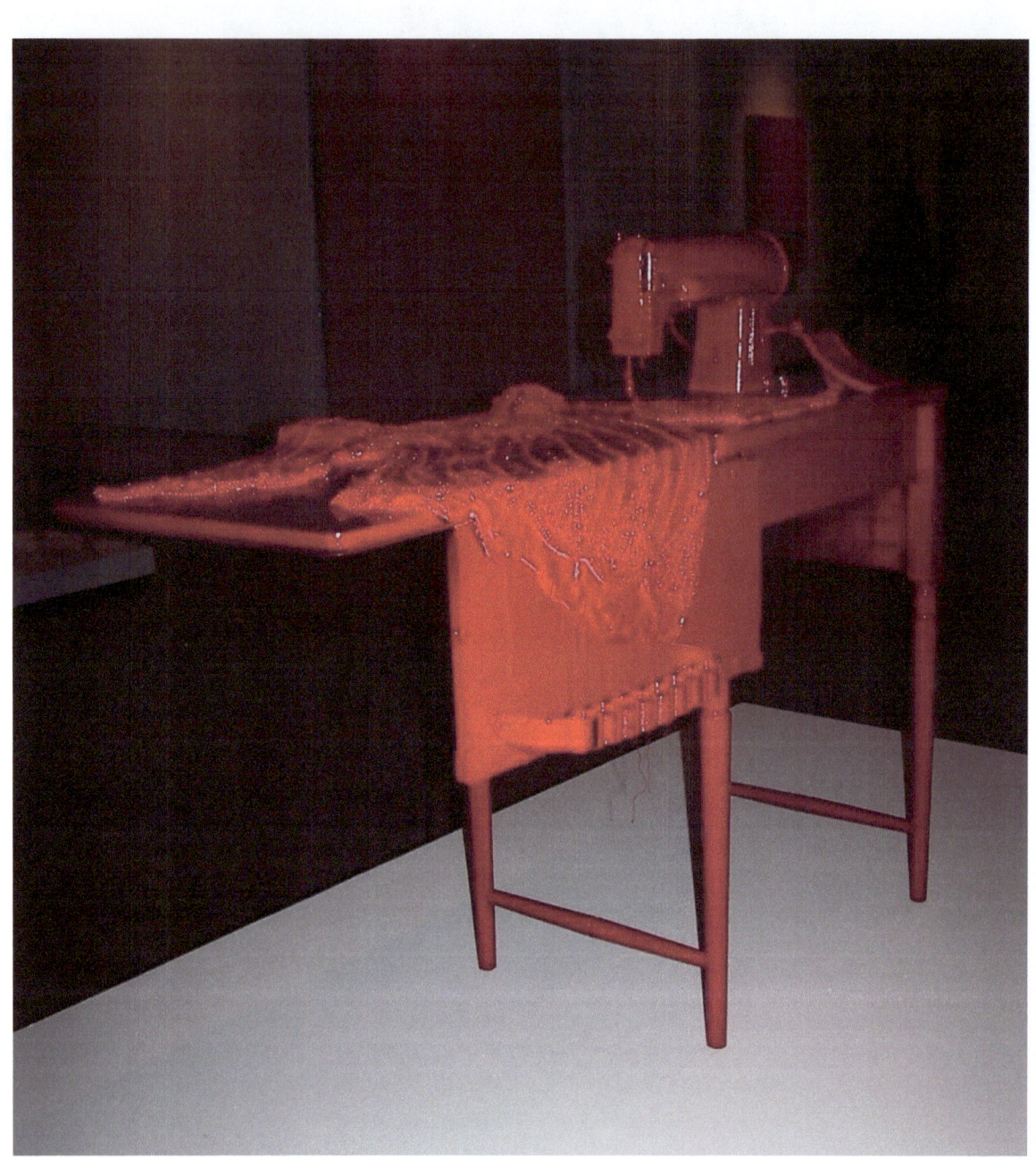

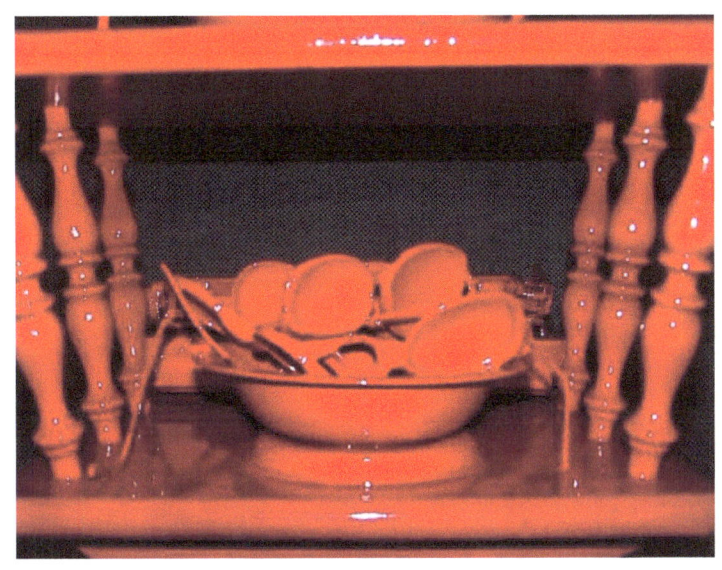

MAQ-INVIDENT

Máquina de escribir Olivetti para invidentes.

Olivetti Typewriter for blind.

Mesa de madera, máquina de escribir, armazones para anteojos, recipiente de metal y esmalte rojo.

Wooden table, typewriter, frames, steel bowl and red enamel.

36" x 30" x 16"

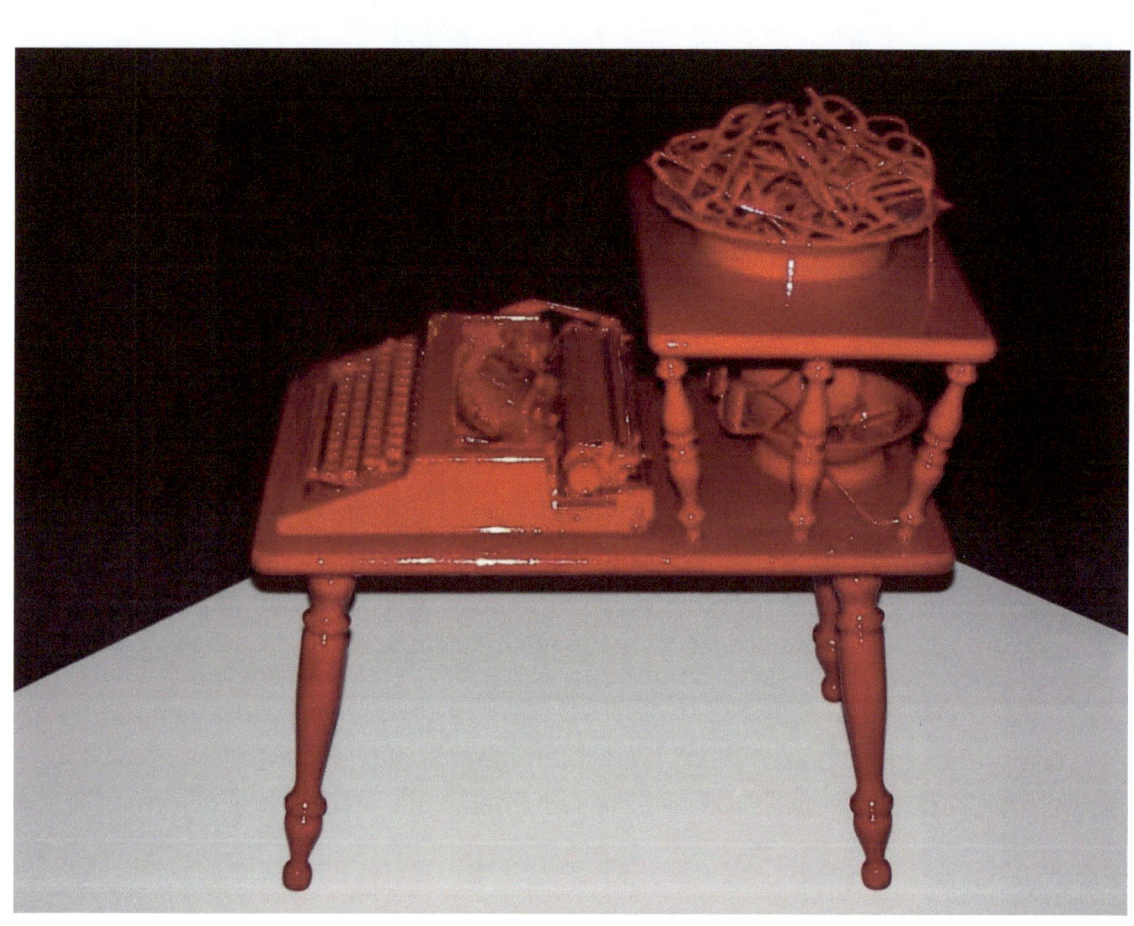

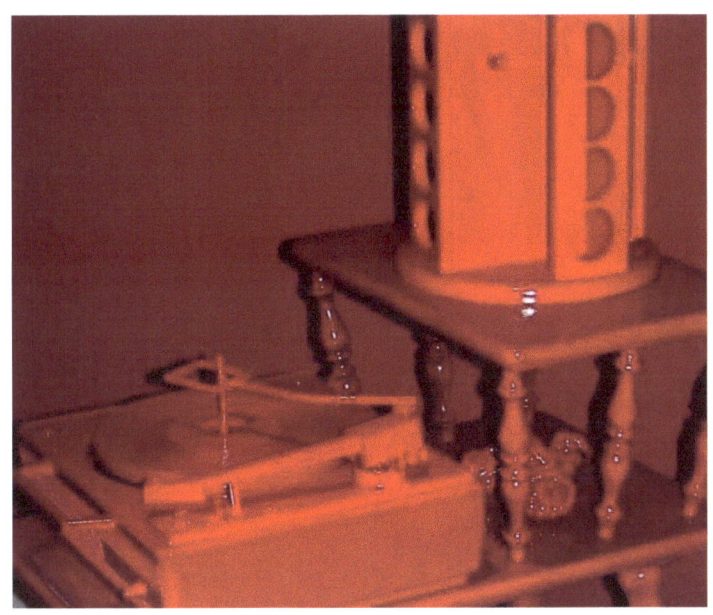

ILEGAL-MUSIC

Tocadiscos Telefunken perteneciente a Juan Smith en el que se toca por vez primera el disco sencillo con El Himno de los Indocumentados, grabado clandestinamente en los Sound Universal Studio de Los Ángeles, Ca., en 1953

Telefunken record-player which belongs to Juan Smith, in which it was played for the first time the single Hymn of illegal immigrants, recorded clandestinely at Sound Universal Studio in Los Angeles, Ca. in 1953.

Mesa de madera, tocadiscos, teléfono, resina y esmalte rojo.

Wooden table, record player, pone, resin and red enamel.

40" x 30" x 16"

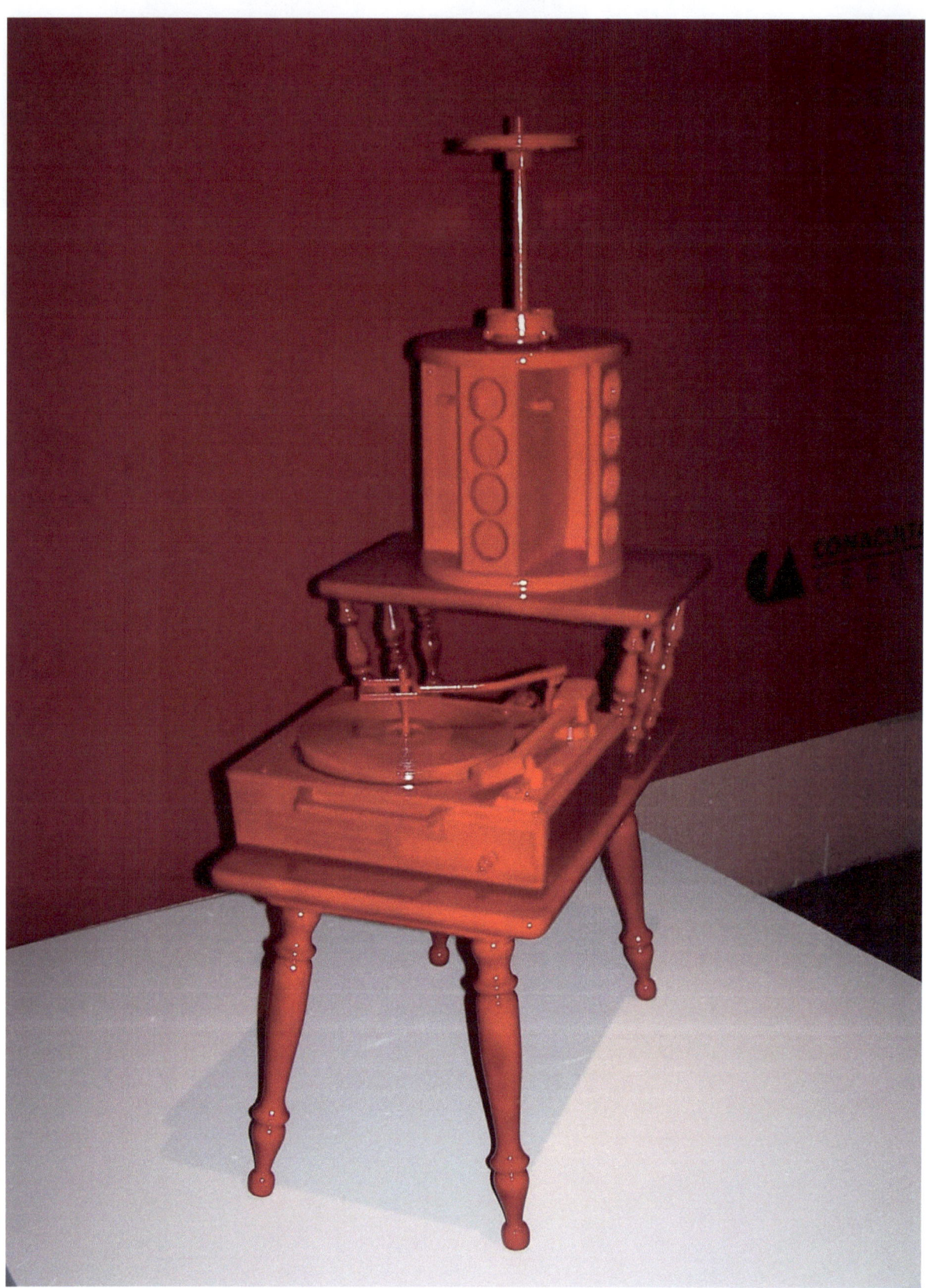

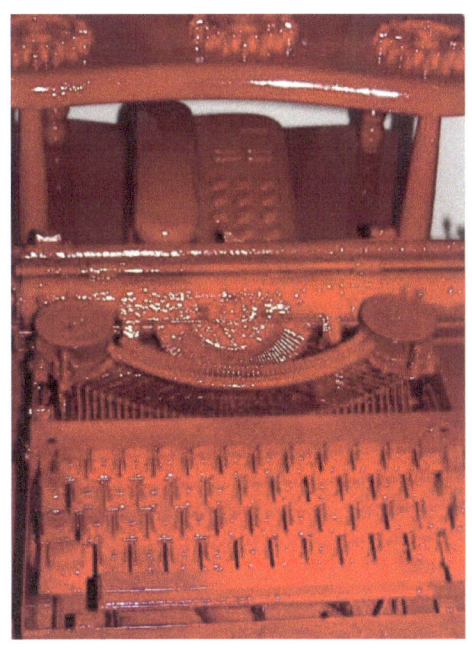

ADVICE-CODE

Máquina con antena camuflada con tronco de madera para envío de mensajes en clave sobre posibles ataques terroristas.

Typewriter with wooden trunk camouflaged antenna for sending coded messages over possible terrorists `attacks.

Mesa de madera, máquina de escribir, tronco de madera, teléfono y esmalte *rojo.*

Wooden table, typewriter, wooden trunk, pone and red enamel.

40" x 30" x 16"

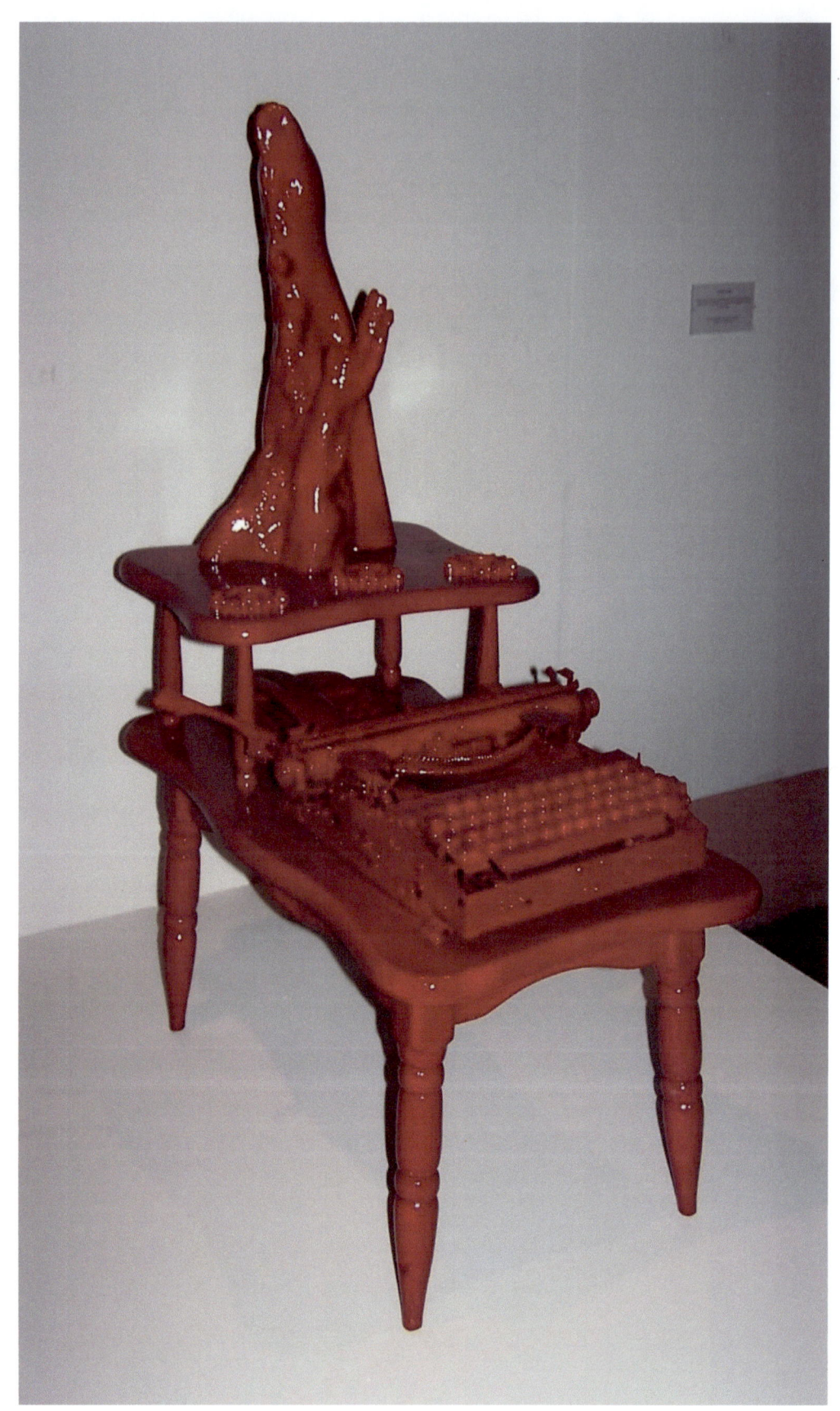

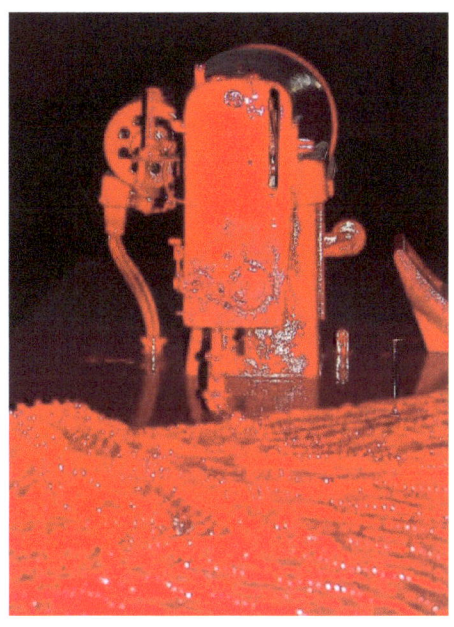

BORDER FASHION, INC

Máquina de coser Singer decomisada tras una redada sorpresa de trabajadores ilegales en una maquiladora clandestina donde se hacían uniformes para la Border Patrol ubicada en Fresno, California.

Singer sewing machine seized after surprise raid of illegal immigrants in a clandestine factory where they made Border Patrol uniforms, located in Fresno, Ca., USA

Máquina de coser Singer de 1945, saco de tela, insignia de Sheriff y esmalte rojo.

1945 Singer sewing machine, jacket, Sheriff`s badge and red enamel.

48" x 40" x 20"

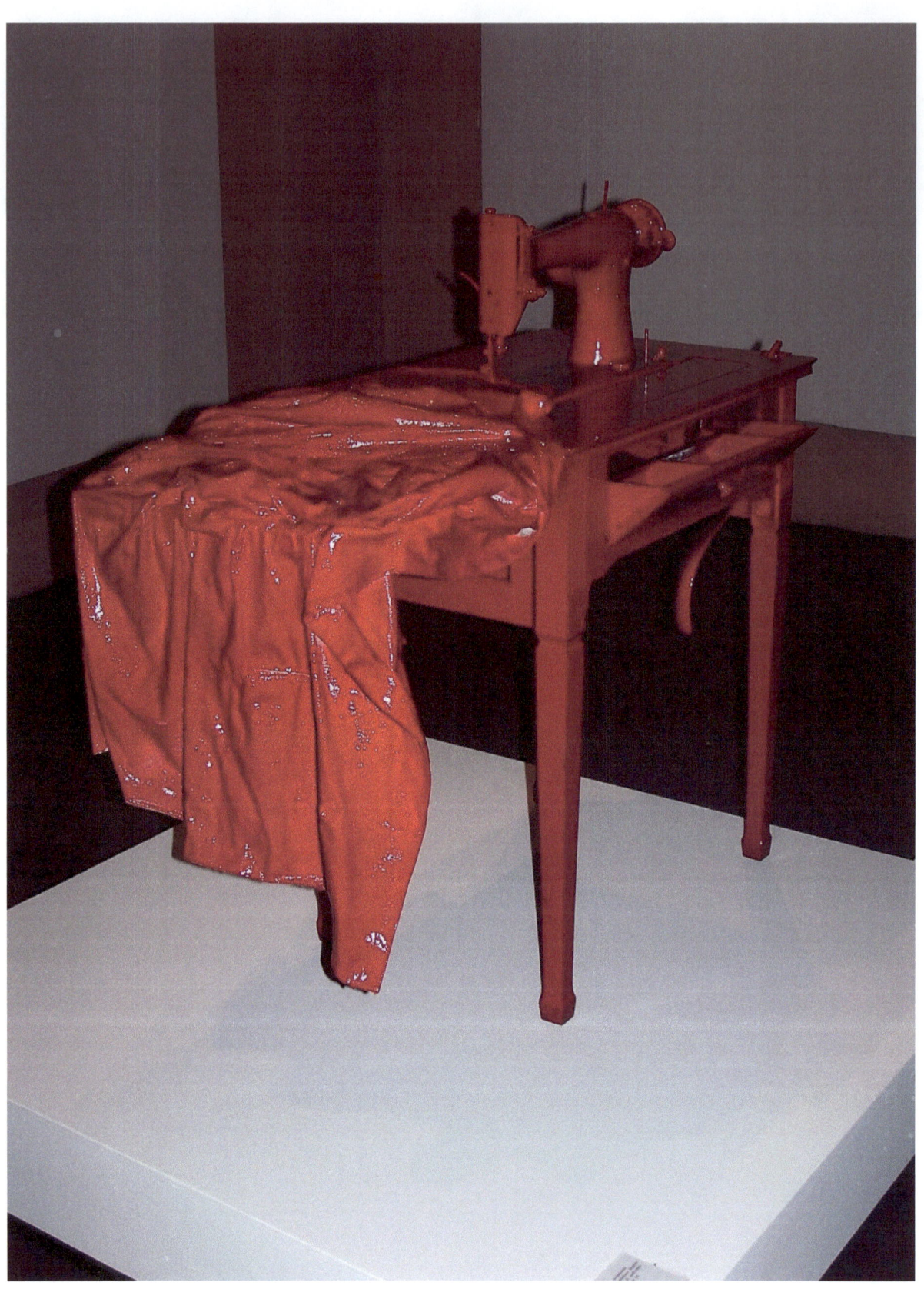

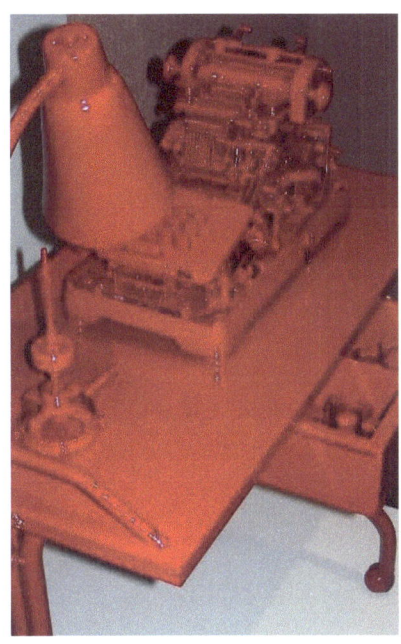

ADD-MACH

Mesa con equipo antiguo (1990) para conteo manual de indocumentados capturados por la Border Patrol.

Table whit old equipment (1990) used for manual counting of illegal immigrants captured by the Border Patrol.

Calculadora manual, teléfonos y fax sobre mesa metálica y esmalte rojo.

Manuel calculator, fax and telephone on steel table, and red enamel.

31" x 15" x 15"

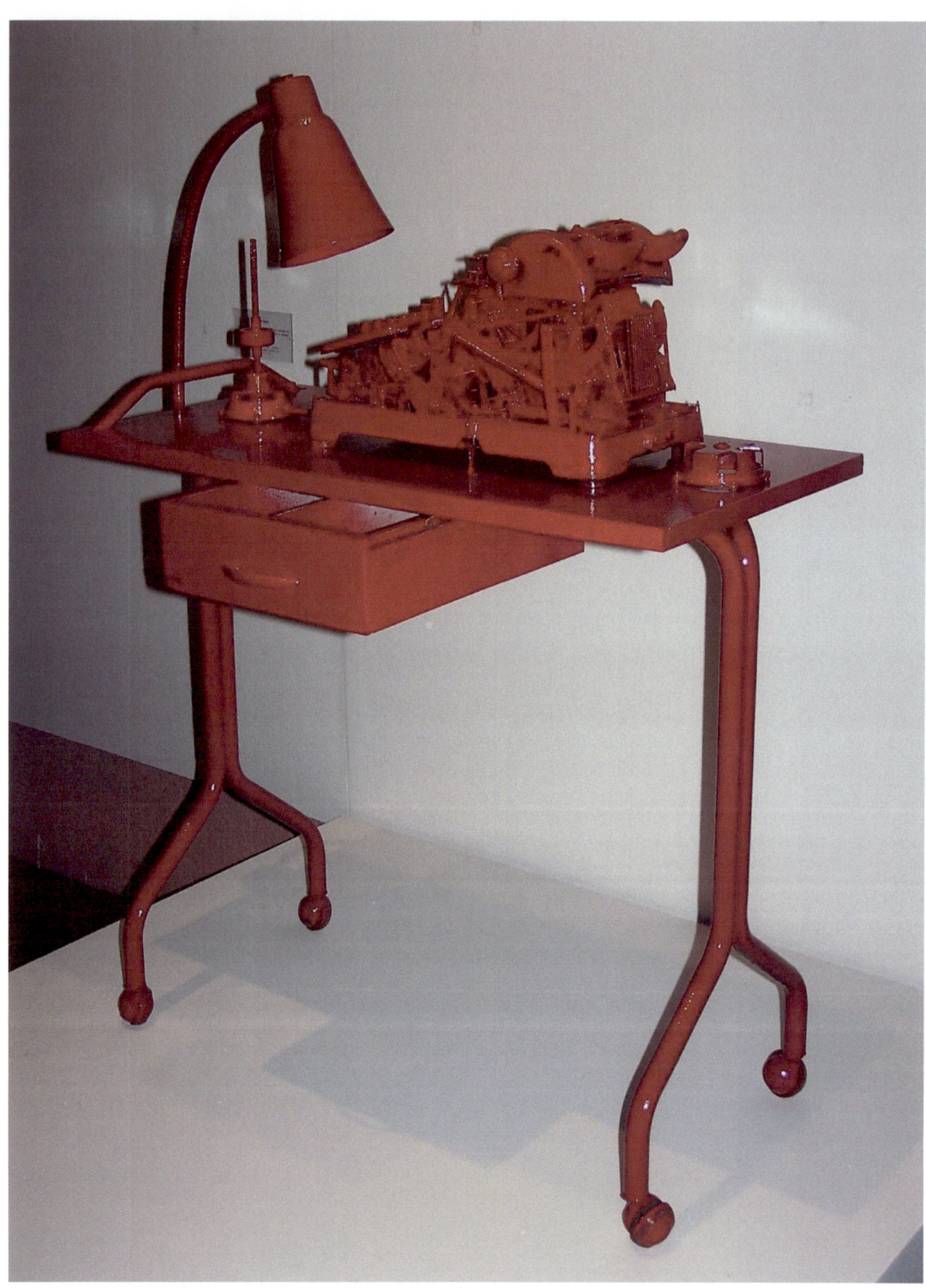

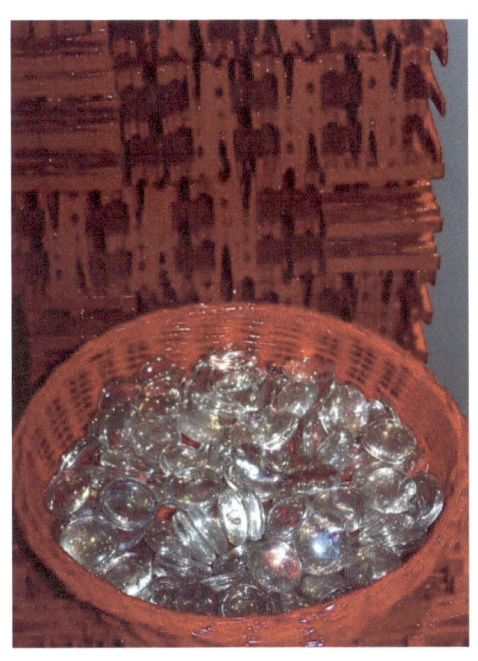

DIGNIDAD / DIGNITY

A la memoria de la mujer explotada y maltratada en el hogar.

To the memory of the exploited and mistreated women.

Mesa de resina, pinzas de madera para tendederos de ropa, cesto de mimbre, cristales y esmalte rojo.

Resin table, laundry clips wicker basket, crystals and red enamel.

60" x 50" x 30"

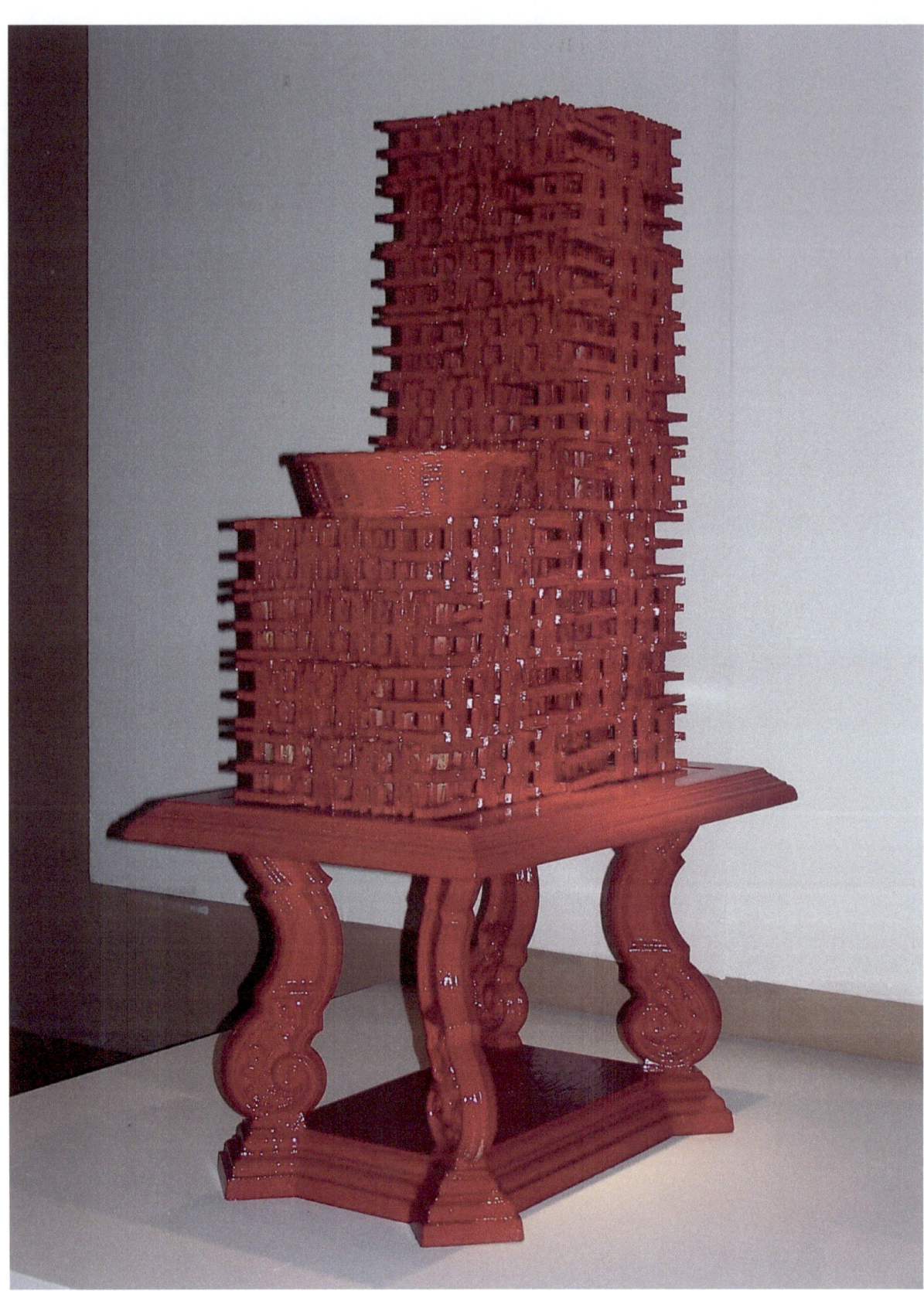

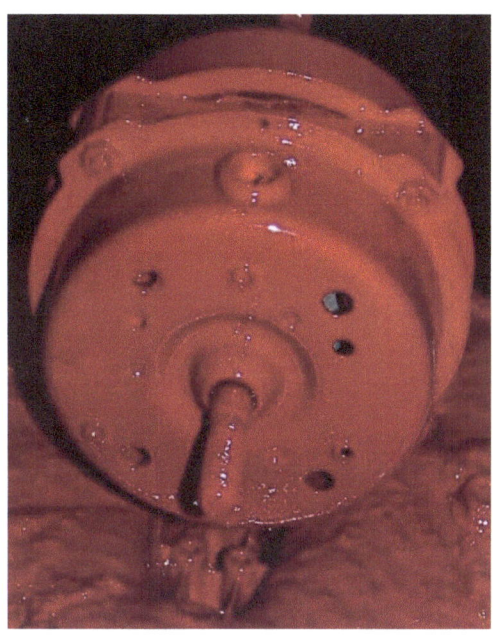

COLOR-BOMB

Prototipo de bomba (inofensiva) diseñada en China para la US Border Patrol, ultrasensible y de fácil activación, que al entrar en contacto con un indocumentado estalla impregnándolo de rojo fosforescente indeleble (tinta inventada por un científico de la UNAM, con los mismos principios químicos de la empleada durante las votaciones para Presidente de la República), que serán colocadas a lo largo de las zonas desérticas e inaccesible de la frontera México-americana.

Bomb prototype (harmless) designed in China for the US Border Patrol, ultra-sensitive and easy to activate, it will go off when in contact with an illegal immigrant, exploding and saturating the person with red fluorescent ink (invented by a Mexican scientist from UNAM, with the same chemical principals as the ink used in the election process for President of Mexico) which will be placed all along the desert and inaccessible zones of Mexico-US border.

Cemento, motor de ventilador, tornillos y esmalte rojo.

Cement, ventilator engine, screws and red enamel.

12" x 10" x 10"

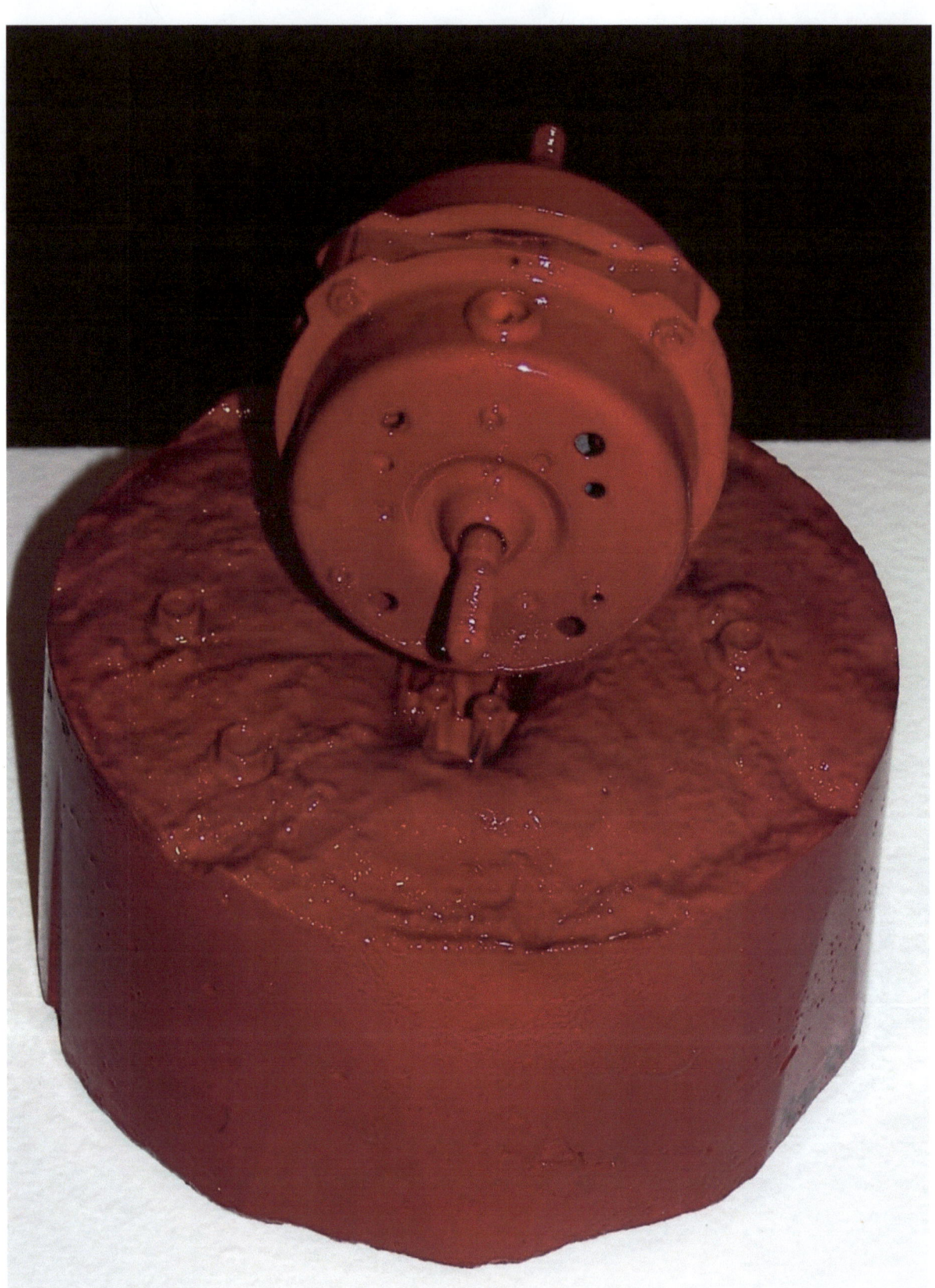

www.ingramcontent.com/pod-product-compliance
Lightning Source LLC
Chambersburg PA
CBHW041934240526

45473CB00034B/1648